G. DESMOTS-DESIDÉES & G. DUPAPIER

Mon Petit cahier d'exercices

juste pour moi !

Illustrations Jean **Augagneur**

Petit CAHIER
Sport cérébral du bien-être

Ce *Petit cahier d'exercices juste pour moi !* présente des extraits adaptés des *Petits cahiers* suivants :
Petit cahier d'exercices du lâcher-prise,
Rosette Poletti & Barbara Dobbs, 2008
Petit cahier d'exercices d'estime de soi,
Rosette Poletti & Barbara Dobbs, 2008
Petit cahier d'exercices d'entraînement au bonheur,
Yves-Alexandre Thalmann, 2009
Petit cahier d'exercices anti-crise, Jacques de Coulon, 2009
Petit cahier d'exercices pour découvrir ses talents cachés,
Xavier Cornette de Saint Cyr, 2009
Petit cahier d'exercices de bienveillance envers soi-même,
Anne van Stappen, 2009
Petit cahier d'exercices pour se désencombrer de l'inutile,
Alice Le Guiffant & Laurence Paré, 2009
Petit cahier d'exercices pour en finir enfin avec la cigarette,
Dr Charaf Abdessemed, 2009
Petit cahier d'exercices pour voir la vie en rose,
Yves-Alexandre Thalmann, 2010
Petit cahier d'exercices de Communication NonViolente®,
Anne van Stappen, 2010
Petit cahier d'exercices du Kama-Sutra, Frédéric Ploton, 2010
Petit cahier d'exercices de désobéissance civile,
Jacques de Coulon, 2010

Catalogue gratuit sur simple demande

Éditions Jouvence
Suisse : CP 184 — 1233 Bernex-Genève
France : BP 90107 — 74161 Saint-Julien-en-Genevois Cedex
Mail : info@editions-jouvence.com
Site internet : **www.editions-jouvence.com**

© Éditions Jouvence, 2010
ISBN 978-2-88353-907-5
Ne peut être vendu.
Offert dans le cadre d'une offre promotionnelle.

Dessin de couverture : Jean Augagneur
Maquette de couverture : Éditions Jouvence
Illustrations intérieures : Jean Augagneur
Sauf le labyrinthe (p. 12) et les mandalas (p. 26 et 40) retravaillés ou réalisés par Barbara Dobbs. L'églantine (p. 17), réalisée par Barbara Dobbs et extraite de son livre *Les harmonisants émotionnels du Dr Bach*, Romont, Recto-Verseau, 2006. Le mandala (p. 49), extrait du livre *Mandalas à colorier*, de Maria Leal et Richard Lower, Espace Mieux-être, 2008. La figure (p. 56) d'Edgar Rubin.

Tous droits de traduction, adaptation et reproduction réservés pour tous pays.

Lâcher prise : osez !

Lâcher prise au quotidien

Savez-vous comment on capture les singes en Indonésie ?

On met une orange dans une grosse citrouille, le singe y glisse sa main, prend le fruit, mais n'arrive plus à ressortir sa main. Comme il ne veut pas lâcher l'orange, il reste là, coincé, et on le capture.

Et pour vous, quelle est votre orange ? Qu'est-ce que vous n'arrivez pas à lâcher ?

C'est peut-être un ressentiment...
ou un regret...
ou une préoccupation...
ou une blessure qui date du passé...
ou une croyance...
ou un sentiment de culpabilité...

De quoi n'arrivez-vous pas à lâcher prise?

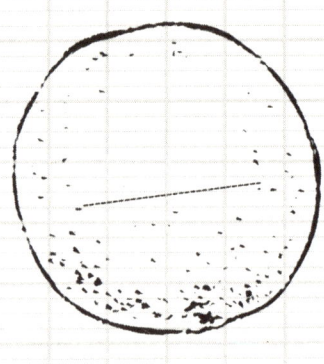

Nommez ce qui représente votre « orange ».

Lorsque vous lâchez prise, vous avez les deux mains libres.

Vous pouvez accueillir ce qui vient!

Vous pouvez vivre ici et maintenant.

Lâcher prise des lourds fardeaux

Il vous arrive de porter l'autre...

Pourquoi ?
Parce qu'on vous a persuadé qu'il faut **être fort**, qu'il *faut aider*, mais qu'il n'y a pas d'aide en retour pour vous. Alors vous continuez.

- Peut-être avez-vous vu l'un de vos parents ou grands-parents faire cela ? Quel fardeau avez-vous vu porter votre père ou votre mère ? Pouvez-vous l'identifier, le nommer ?

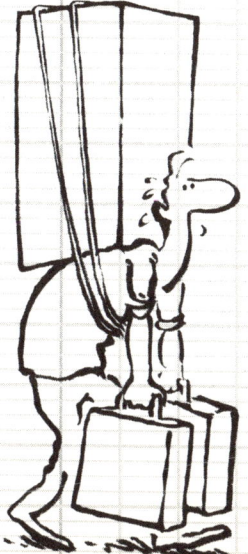

- Et vous, quels fardeaux ou quelles valises portez-vous et dont vous ne voulez plus ? Nommez-les !

Vous pouvez changer la situation !

Extrait adapté du *Petit cahier d'exercices du lâcher-prise*

Lâcher prise lors de grandes épreuves : maladies, séparations, deuils...

Comment peut-on parler de lâcher-prise dans des situations si pénibles ? À première vue, c'est impossible ! Pourtant, tous les êtres humains recherchent une bonne qualité de vie, la possibilité de vivre sans souffrir. Depuis le fond des âges et dans toutes les grandes sagesses du monde, il est apparu que ce qui cause la souffrance des humains, c'est leur résistance à ce qui est !

Prenez un instant pour colorier ce texte :

C'est la résistance à ce qui est qui cause la souffrance.

Puis, dans l'espace ci-dessous, écrivez ou dessinez vos réactions à cette phrase:

Extrait adapté du *Petit cahier d'exercices du lâcher-prise*

7

La cigarette : stop aux idées reçues !

Pour chacune des questions suivantes, répondez par vrai ou faux.

Vous trouverez les bonnes réponses à la fin de l'exercice.

1. Le tabac est la première cause de mortalité en Occident. ☑ Vrai ☐ Faux

2. En fumant une cigarette, on inhale plus de 100 substances différentes. ☐ Vrai ☑ Faux

3. Le tabagisme passif n'est pas dangereux. ☐ Vrai ☑ Faux

4. Les revenus de l'industrie du tabac s'élèvent à 100 millions d'euros chaque année. ☑ Vrai ☐ Faux

5. Arrêter de fumer est toujours rentable pour la santé. ☑ Vrai ☐ Faux

6. Les cigarettes « light » sont moins dangereuses pour la santé. ☐ Vrai ☑ Faux

7. L'arrêt du tabac fait grossir. ☑ Vrai ☐ Faux

8. Le tabagisme favorise l'impuissance chez l'homme. ☑Vrai ☐Faux

9. Fumer fait diminuer l'acuité visuelle. ☐Vrai ☑Faux

10. Tabac et pilule contraceptive font mauvais ménage. ☑Vrai ☐Faux

11. Fumer diminue la fertilité. ☑Vrai ☐Faux

12. Les femmes qui fument pendant la grossesse accouchent de bébés plus gros que la moyenne. ☐Vrai ☑Faux

13. Les enfants de fumeurs ont moins de chances de devenir fumeurs. ☐Vrai ☑Faux

14. On peut avoir un cancer du poumon sans avoir jamais fumé. ☑Vrai ☐Faux

15. Le cancer du poumon se guérit très difficilement. ☑Vrai ☐Faux

Extrait adapté du *Petit cahier d'exercices pour en finir enfin avec la cigarette*

Voici les réponses au questionnaire. Elles devraient vous permettre de corriger bien des idées reçues.

1. **Vrai.**
   Le tabac est responsable de plus de 60 000 décès prématurés par an en France, 10 000 en Suisse. Selon l'Organisation mondiale de la santé, le tabac cause près de 5 millions de décès évitables chaque année. Aucun autre produit n'est plus dangereux ni ne tue autant que le tabac !

2. **Faux.**
   Fumer une cigarette fait inhaler plus de **4000** molécules différentes, identifiées dans la fumée : nicotine, monoxyde de carbone, arsenic, parfums, goudrons, ammoniac ainsi qu'une multitude d'additifs. Au moins une quarantaine de ces substances sont notoirement toxiques et/ou cancérigènes.

3. **Faux.**
   En 2002, le Centre international de recherche sur le cancer a déclaré le tabagisme passif dangereux, susceptible de provoquer les mêmes pathologies que celles qui surviennent chez les fumeurs.

4. **Faux.**
   L'industrie mondiale du tabac a des revenus annuels déclarés de plus de 120 milliards de dollars.

5. **Vrai.**
   L'arrêt du tabac est toujours rentable pour la santé et ce, quel que soit l'âge que l'on a. Vingt minutes après l'arrêt du tabac, le rythme cardiaque se normalise. L'odorat et le sens du goût s'améliorent en deux jours. La toux s'estompe au bout d'un an environ, le risque d'infarctus cardiaque diminue notablement en deux ans. Il faut néanmoins attendre au moins dix ans pour que le risque de survenue d'un cancer du poumon rejoigne le taux des non-fumeurs.

6. **Faux.**
   Les cigarettes dites « light » ne permettent pas de réduire les risques de manière significative. Car la méthode utilisée pour évaluer leurs effets est remise en cause. Celle-ci recourt en effet à une machine qui « fume » de manière standard et ne tient donc pas compte du comportement des fumeurs, qui auraient tendance à compenser, soit en « tirant » plus sur la cigarette, soit en fumant plus de cigarettes. Enfin, les fameux microtrous présents sur le filtre des cigarettes « light » sont en réalité inefficaces, littéralement bouchés par les doigts du fumeur lorsqu'il tient sa cigarette.

7. Vrai.

Il faut s'attendre à une prise de poids de quelques kilos, en raison de la modification du métabolisme de base. En théorie, la situation se normalise au bout de 18 à 24 mois. Le plus simple est évidemment d'éviter cette prise de poids par des mesures hygiéno-diététiques et la pratique d'une activité sportive régulière, entraînant si possible une large ventilation des poumons : jogging, marche rapide, etc.

8. Vrai.

L'érection étant liée à la vascularisation du pénis, les altérations vasculaires induites par le tabagisme retentissent sur les fonctions sexuelles. Le tabac agit en outre comme un puissant vasoconstricteur.

9. Faux.

Fumer ne diminue pas l'acuité visuelle. En revanche, cela altère la qualité de la peau et accélère l'apparition de rides.

10. Vrai.

L'association tabac-hormones œstro-progestatives augmente le risque de formation de caillots sanguins et la survenue d'accidents thromboemboliques et cardiovasculaires.

11. Vrai.

Et pour les deux sexes. Chez l'homme, outre altérer la fonction érectile, fumer diminue la mobilité des spermatozoïdes. Chez la femme, on considère que le tabagisme double le temps nécessaire à l'obtention d'une grossesse.

12. Faux.

Bien au contraire, les fumeuses mettent au monde des enfants dont le poids est inférieur à la moyenne.

13. Faux.

Les enfants de fumeurs ont deux fois plus de chances de devenir à leur tour fumeurs que les enfants de couples non-fumeurs.

14. Vrai.

Mais 90 % des personnes qui développent un cancer du poumon sont des fumeurs ou d'anciens fumeurs.

15. Vrai.

On évalue à 13 % la survie à cinq ans, tous types de cancers du poumon confondus. En clair, sur 100 personnes atteintes d'un cancer du poumon, 87 décèdent dans les cinq années qui suivent la découverte de la maladie.

Pause détente

Pour vous reposer un peu l'esprit, nous vous proposons de vous délasser en parcourant, avec la pointe d'un crayon, le labyrinthe de la Cathédrale Notre-Dame d'Amiens (France). En suivant les lignes noires.

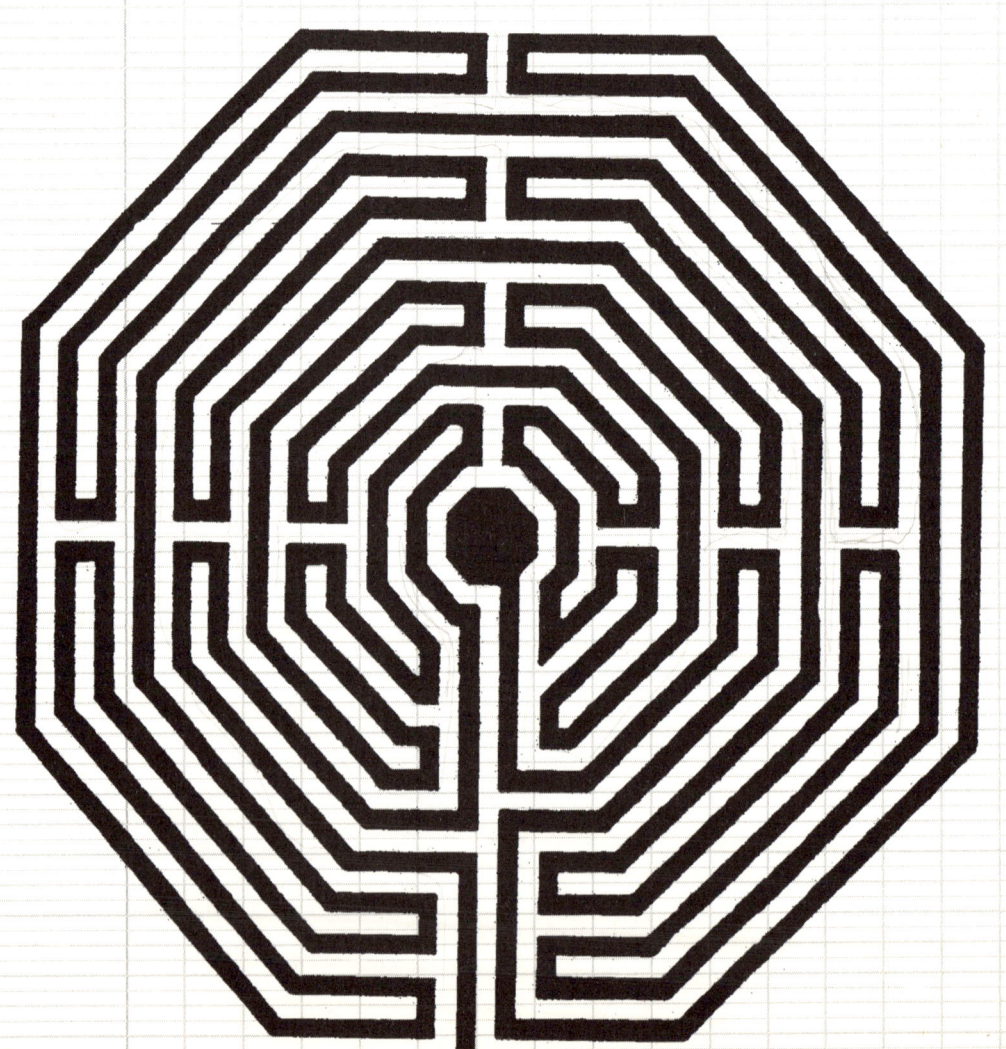

L'estime de soi : s'aimer, une priorité !

Définir l'estime de soi

« Dans tout l'univers, il n'y a pas une autre personne qui soit exactement semblable à moi. Je suis moi et tout ce que je suis est unique. Je suis responsable de moi-même, j'ai tout ce qu'il me faut ici et maintenant pour vivre pleinement. Je peux choisir de manifester le meilleur de moi-même, je peux choisir d'aimer, d'être compétent, de trouver un sens à ma vie et un ordre à l'univers, je peux choisir de me développer, de croître et de vivre en harmonie avec moi-même, les autres et Dieu. Je suis digne d'être accepté et aimé exactement comme je suis, ici et maintenant. Je m'aime et je m'accepte, je décide de vivre pleinement dès aujourd'hui. »

Virginia Satir

Quel niveau d'estime avez-vous de vous-même ?

1. **Je m'accepte en tant que personne.**
   ☐ jamais   ☐ parfois   ☐ souvent   ☐ toujours

2. **J'ai confiance en moi.**
   ☐ jamais   ☐ parfois   ☐ souvent   ☐ toujours

3. **Je sais m'affirmer.**
   ☐ jamais   ☐ parfois   ☐ souvent   ☐ toujours

4. **Je suis aimé(e) par la plupart des gens.**
   ☐ jamais   ☐ parfois   ☐ souvent   ☐ toujours

5. **Je m'exprime facilement dans un groupe.**
   ☐ jamais   ☐ parfois   ☐ souvent   ☐ toujours

6. **Je mérite d'être heureux(se).**
   ☐ jamais   ☐ parfois   ☐ souvent   ☐ toujours

7. **J'estime que mon opinion est aussi importante que celle des autres.**
   ☐ jamais   ☐ parfois   ☐ souvent   ☐ toujours

8. **« C'est humain de commettre une erreur », vous dites-vous cela lorsqu'il vous arrive de vous tromper ?**
   ☐ jamais   ☐ parfois   ☐ souvent   ☐ toujours

9. **Vous est-il facile d'écouter une critique justifiée qui vous est faite ?**
   ☐ jamais   ☐ parfois   ☐ souvent   ☐ toujours

10. **Êtes-vous capable de dire à un autre adulte que vous n'acceptez pas son comportement à votre égard ?**
    ☐ jamais   ☐ parfois   ☐ souvent   ☐ toujours

11. **Lorsqu'une relation devient insupportable, êtes-vous capable de la cesser ?**
    ☐ jamais   ☐ parfois   ☐ souvent   ☐ toujours

12. **Avez-vous la capacité de dire non lorsque c'est nécessaire ?**
    ☐ jamais   ☐ parfois   ☐ souvent   ☐ toujours

Chaque fois que vous avez coché « **toujours** », cela fait **3 points** (36 points en tout).

Chaque fois que vous avez coché « **souvent** », cela fait **2 points**.

Chaque fois que vous avez coché « **parfois** », cela fait **1 point**.

Chaque fois que vous avez coché « **jamais** », vous n'avez **pas de point**.

Résultats :

De 0 à 15 points : Il y a des obstacles à dépasser. Vous allez gagner de nouveaux points en travaillant votre estime de vous-même. Votre vie en sera facilitée !

De 16 à 25 points : Vous êtes en route. Il vous reste à développer certains points importants.

De 26 à 36 points : Vous avez déjà une estime de vous-même « respectable » ! En trouvant sur quels aspects progresser, vous trouverez un plaisir toujours plus grand à vivre au milieu des autres.

Quelle est votre perception de vous-même ?

1. Les critiques des autres vous blessent-elles ?
   ☑ oui   ☐ non

2. Craignez-vous les nouvelles expériences ?
   ☐ oui   ☑ non

3. Parlez-vous aux autres de vos réussites personnelles ?
   ☑ oui   ☐ non

4. Tentez-vous de rendre les autres responsables de vos erreurs ?
   ☐ oui   ☑ non

5. Avez-vous tendance à être trop timide ou agressif(ve) ?
   ☑ oui   ☐ non

6. Cherchez-vous à cacher ce que vous ressentez ?
   ☑ oui   ☐ non

7. Avez-vous honte de votre apparence physique ?
   ☐ oui   ☑ non

8. Cela vous rassure-t-il que les autres échouent ?
   ☑ oui   ☐ non

9. Êtes-vous à l'aise dans les relations intimes avec les autres ?
   ☐ oui   ☑ non

10. Trouvez-vous des excuses pour ne pas changer ?
    ☑ oui   ☐ non

*Si vous avez répondu **oui** à la plupart des questions de 1 à 10, vous pouvez décider d'améliorer votre perception de vous-même.*

L'églantine, cette rose sauvage qui s'épanouit librement est un symbole de l'estime de soi. Prenez le temps de colorier ces fleurs !

Pause détente

Oser être soi

Un petit conte pour changer !

Tang était un petit ouvrier dans un royaume d'Orient. Il travaillait le cuivre et fabriquait de magnifiques ustensiles qu'il vendait sur le marché. Il était heureux de vivre et avait une bonne estime de lui-même. Il n'attendait plus que de trouver la femme de sa vie.

Un jour, un envoyé du roi vint annoncer que celui-ci désirait marier sa fille au jeune homme du royaume qui aurait la meilleure estime de lui-même. Au jour dit, Tang se rendit au château et il se trouva au milieu de plusieurs centaines de jeunes prétendants.

Le roi les regarda tous et demanda à son chambellan de remettre à chacun cinq graines de fleurs, puis il les pria de revenir au printemps avec un pot de fleurs issues des graines qu'il leur avait fait remettre.

Tang planta les graines, en prit grand soin, mais rien ne se produisit, pas de pousse, pas de fleurs. À la date convenue, Tang prit son

pot sans fleur et partit pour le château. Des centaines d'autres prétendants portaient des pots remplis de fleurs magnifiques et ils se moquaient de Tang et de son pot de terre sans fleurs.

Alors le roi demanda à ce que chacun passe devant lui pour lui présenter son pot. Tang arriva, un peu intimidé devant le roi : « Aucune des graines n'a germé votre majesté », dit-il. Le roi lui répondit : « Tang, reste ici auprès de moi ! »

Quand tous les prétendants eurent défilé, le roi les renvoya tous, sauf Tang. Il annonça à tout le royaume que Tang et sa fille se marieraient l'été prochain. Ce fut une fête extraordinaire ! Tang et la princesse devenaient toujours plus amoureux l'un de l'autre. Ils vivaient très heureux.

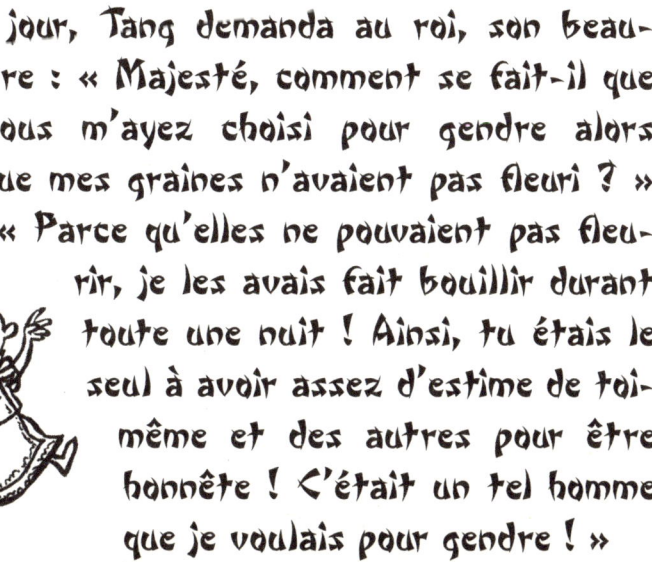
Un jour, Tang demanda au roi, son beau-père : « Majesté, comment se fait-il que vous m'ayez choisi pour gendre alors que mes graines n'avaient pas fleuri ? » « Parce qu'elles ne pouvaient pas fleurir, je les avais fait bouillir durant toute une nuit ! Ainsi, tu étais le seul à avoir assez d'estime de toi-même et des autres pour être honnête ! C'était un tel homme que je voulais pour gendre ! »

Les talents : savoir les exploiter !

Donner toute leur place aux talents

Quelle place accordez-vous à vos talents dans votre vie et dans ce que vous faites ?

Croyez-vous en vos potentiels et souhaitez-vous les utiliser à bon escient ?

Ou considérez-vous plutôt qu'il « suffit » d'avoir des compétences et d'attendre que la chance vous sourie ?

Vayons cela :

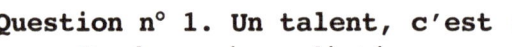

Question n° 1. Un talent, c'est :
   a. Un don qui me distingue.
   b. Quelque chose que je sais bien faire et refaire.
   c. Une « grâce » réservée à une élite.
   d. Une compétence que j'ai développée.

Question n° 2. Vous estimez qu'un talent…
   a. Concerne une aptitude à faire quelque chose et peut intervenir dans plusieurs domaines différents.
   b. Peut être utilisé dans un autre domaine si on s'y applique.
   c. Intervient au « hasard » dans un domaine quelconque.
   d. Se cantonne à un domaine et à un seul.

Question n° 3. Tout le monde a-t-il des talents ?
   a. Oui, mais peu en ont conscience.
   b. Oui, mais c'est difficile de les repérer.
   c. Non, à part quelques « privilégiés ».
   d. Non, le talent, ça n'existe pas !

Question n° 4. Si l'on vous dit : « Plus on a de talents, mieux c'est ! », vous pensez :
  a. Non, mieux vaut en avoir deux ou trois et savoir les exploiter.
  b. Oui, mais encore faut-il connaître ceux qui sont utiles et utilisables.
  c. Oui, l'abondance de biens ne nuit pas !
  d. Non, ce n'est pas le talent qui compte.

Question n° 5. Il est essentiel, pour s'épanouir, d'améliorer tous ses points faibles !
  a. Non, car je ne fais que penser à ce qui « ne marche pas ».
  b. Non, ce n'est pas en creusant un défaut qu'on va développer une qualité.
  c. Oui, on ne peut pas se satisfaire de la médiocrité.
  d. Oui, car réussir sa vie, c'est résoudre ses problèmes.

Question n° 6. Est-il utile de connaître ses points forts et de les développer ?
  a. Oui, pour les utiliser avec un effet de levier.
  b. Oui, ça renforce mon estime de moi et ma confiance.
  c. Non, car mes points forts dépendent trop d'un contexte précis.
  d. Non, si j'ai des points forts, ça me suffit et je n'ai pas besoin de les développer.

Question n° 7. Pensez-vous qu'une partie positive de vous-même mériterait d'être révélée ?
  a. Oui, de nombreuses choses doivent encore sortir et je pourrais en bénéficier.
  b. Oui, cela m'arrive de le penser en certaines occasions.
  c. Non, je pense bien me connaître et savoir exprimer tout ce qui est en moi.
  d. Non, je ne vois pas à quoi cela pourrait me servir.

Question n° 8. Êtes-vous dans l'attente d'une situation, d'une rencontre qui vous donnera « une chance » ?
   a. Oui, j'aimerais bien trouver le « moyen » de me révéler et d'aller plus loin.
   b. Oui, pourquoi pas ? Cela me plairait, mais je ne fais rien pour le provoquer.
   c. Pas vraiment, je pense que c'est davantage un rêve qu'une réalité possible.
   d. Non, je n'attends pas ça, je ne compte que sur moi.

Question n° 9. Durant votre enfance/adolescence, est-ce que votre entourage louait vos aptitudes, vos qualités ?
   a. Oui, je me souviens de choses précises.
   b. Oui, j'ai quelques souvenirs, mais je ne sais pas quoi en faire !
   c. Non, rien de particulièrement frappant ou « exploitable ».
   d. Non, absolument rien.

Question n° 10. Aujourd'hui, votre entourage vous révèle-t-il vos aptitudes et qualités ?
   a. Oui, et cela m'est très utile pour progresser.
   b. Oui, mais j'ai parfois un doute sur la réalité de ces qualités.
   c. Non, et si ça arrive, je doute de la sincérité et y vois plutôt de la flatterie.
   d. Non, on ne me dit rien et ça ne changerait pas grand-chose.

Question n° 11. Aujourd'hui, vous arrive-t-il de demander à votre entourage de citer quelques-unes de vos aptitudes et qualités ?
   a. Oui, j'ai besoin de savoir sur quoi je peux m'appuyer.

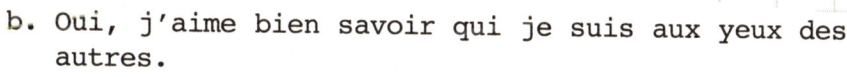

b. Oui, j'aime bien savoir qui je suis aux yeux des autres.
c. Non, j'aurais trop l'impression de flatter mon ego !
d. Non, je ne vois pas à quoi ça sert.

Question n° 12. Que vous dites-vous quand vous réussissez bien quelque chose d'important ?
a. Super ! J'ai vraiment des qualités que je peux exploiter.
b. Je suis content(e), mais ferai-je aussi bien une prochaine fois ?
c. Tant mieux ! J'ai vraiment eu de la chance !
d. N'importe qui d'autre aurait pu en faire autant !

Question n° 13. Pour atteindre quelque chose qui vous tient vraiment à cœur :
a. Vous utilisez les qualités, les talents et les compétences que vous possédez et connaissez.
b. Vous pensez que vous y parviendrez en mobilisant vos ressources de manière optimale.
c. Vous faites confiance « à la chance » et… advienne que pourra !
d. Vous vous dites : « Pourvu que ça marche ! » en doutant de votre réussite.

Question n° 14. Vous avez déjà eu une réussite. Voici qu'une situation ou un projet identique se représente :
a. Vous connaissez le processus que vous aviez mis en place et vous le réutilisez.
b. Vous songez qu'ayant réussi une fois, vous allez pouvoir réitérer votre réussite.
c. Vous analysez cette nouveauté comme si elle se présentait pour la première fois.
d. Vous espérez que la chance sera de nouveau au rendez-vous.

Question n° 15. Si vous connaissiez trois ou quatre de vos principaux talents, vous penseriez que :
   a. Cela va réellement vous aider à accomplir plus et mieux votre projet de vie.
   b. Cela pourrait vous donner un avantage qui vous serait utile en certaines occasions.
   c. Cela n'est pas essentiel, mais pourquoi pas ?
   d. Cela ne changerait pas grand-chose à ce que vous faites et à la manière de le faire.

Calculez maintenant vos points obtenus. C'est très simple

Réponse a = 3 points
Réponse b = 2 points
Réponse c = 1 point
Réponse d = 0 point

	a	b	c	d
Question n° 1				
Question n° 2				
Question n° 3				
Question n° 4				
Question n° 5				
Question n° 6				
Question n° 7				
Question n° 8				
Question n° 9				
Question n° 10				
Question n° 11				
Question n° 12				
Question n° 13				
Question n° 14				
Question n° 15				
Total				

Votre total général (réponses a + b + c + d) = _____

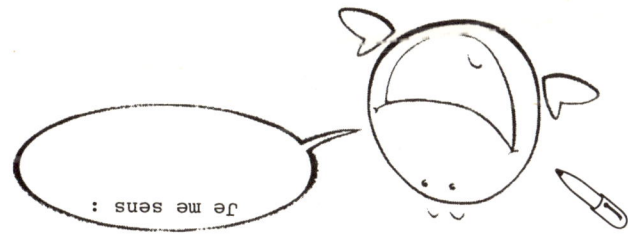

Je me sens :

Résultats :

- *Entre 31 et 45 points*

Vous avez une vision dynamique de la vie ! Vous préférez accroître vos qualités plutôt que corriger vos défauts et, ainsi, développer un véritable point fort : capacité à réaliser une performance constante, proche de la perfection dans une activité donnée. La combinaison : **talent + savoir + savoir-faire est une combinaison gagnante qui permet d'avancer.** Elle entraîne une amélioration significative de l'estime de soi et, donc, de la confiance en soi. **Rien de mieux pour oser, avancer et accomplir !**

- *Entre 16 et 30 points*

Vous avez une certaine idée de ce qu'est un talent et vous songez qu'au-delà des compétences et d'un savoir-faire se cache un « petit plus » capable de faire la différence dans certaines occasions et situations. Vous pensez que le talent est rare mais, à bien y réfléchir, la rareté ne serait-elle pas le talent employé à bon escient dans un contexte adéquat ?
Vous supposez que le talent se cantonne à une sphère unique. Pourquoi ne pas utiliser vos talents personnels dans la sphère professionnelle ? Et réciproquement ? N'est-il pas dommage de laisser en sommeil des gisements de qualités et de points forts ? Une réussite isolée, c'est bien. **Une réussite qui se répète, c'est quand même beaucoup mieux !**

- *Entre 0 et 15 points*

Le talent, vous n'y croyez pas vraiment. Pour vous, « ça n'existe pas » ou bien, vous citez Mozart ou Picasso et vous ne sentez pas pleinement concerné(e)... Peut-être n'êtes-vous pas disposé(e), pour l'instant, à creuser cet aspect de votre personnalité car vous ne ressentez pas actuellement ce besoin de découverte sur vous-même.
Mais au fait, savez-vous bien ce que l'on entend par talent ? Sauriez-vous définir ce mot et lister ce que l'on peut accomplir lorsqu'on en a conscience ?
Une dernière question : Comment vous sentiriez-vous si vous décidiez de repousser vos limites pour vous développer et avancer vers ce que vous désirez ?

Comme les trains, un talent peut en cacher un autre.

Pause détente

Si vous sentez que vous avez de la difficulté à revenir à la paix intérieure, coloriez le mandala ci-dessous, c'est un moyen infaillible pour retrouver le calme en soi.

Pour changer de cap : l'anti-crise !
Trouver la bonne perspective

Identifiez votre problème, le point noir qui vous préoccupe, et décrivez-le en quelques mots dans le rectangle ci-dessous. Par exemple : mal de dos persistant ou séparation difficile d'avec mon (ma) compagnon (compagne) ou encore perte de mon travail...

Mon problème :

Extrait adapté du Petit cahier d'exercices anti-crise

Comment réagissez-vous face à ce problème ?
Cochez les réponses qui vous concernent :

1. Je regrette les comportements qui m'ont mené(e) dans cette impasse.
   ☐
2. Je zappe : je me concentre sur autre chose pour ne plus y penser.
   ☐
3. J'imagine le pire et le problème tend à grossir.
   ☐
4. Je me dis que cela va passer et cela me réconforte.
   ☐
5. Je prends de la hauteur et j'observe pour ne pas me laisser envahir.
   ☐
6. J'accuse l'autre, la conjoncture, le système...
   ☐
7. Je tente de délimiter ce qui dépend de moi pour m'en sortir.
   ☐
8. Je pense que je ne vais jamais m'en sortir, que tout cela va durer toujours.
   ☐
9. Je cherche à comprendre le sens de la situation.
   ☐
10. Je considère cette crise comme un signal pour changer mes habitudes.
    ☐
11. Je garde tout pour moi, je ne montre rien.
    ☐
12. Je m'efforce de voir le côté positif du problème.
    ☐
13. Je parle du problème à mon entourage pour me soulager.
    ☐
14. Autre : ...
    ☐

<u>Classez les numéros de vos réponses dans les deux colonnes suivantes :</u>

Réactions inutiles, voire négatives	Réactions utiles, positives

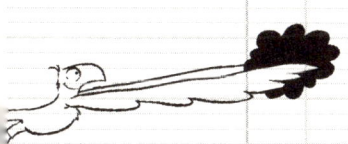

Les réponses 1, 3, 6, 8 et 11 ne vous mèneront à rien. Inutile de regretter, de vous culpabiliser, d'accuser ou de dissimuler : vous ne vous en sortirez pas comme cela !

Si vous avez coché les propositions 2 et 5, vous adoptez la stratégie de l'aigle : vous prenez vos distances pour changer la direction de votre regard.

Les réponses 4 et 13 correspondent à la stratégie du papillon : vous vous libérez du problème.

Les phrases 7 et 9 indiquent une intention de mieux cerner le problème, d'éclairer le point noir, comme la chouette qui voit dans la nuit.

Et si vous avez choisi les réponses 10 ou 12, vous êtes un(e) magicien(ne) qui veut transformer la situation en profondeur.

Pause détente

Découpez les affirmations suivantes et choisissez-en une chaque jour.

Aujourd'hui, j'accepte ce qui est	Aujourd'hui, je pardonne	Aujourd'hui, je lâche prise de mes résistances
Aujourd'hui, je fais confiance	Aujourd'hui, je remercie quelqu'un	Aujourd'hui, je lâche prise du doute
Aujourd'hui, je me fais confiance	Aujourd'hui, je m'ouvre à ce qui vient	Aujourd'hui, je dis oui
Aujourd'hui, je ne blâme personne	Aujourd'hui, je me désencombre de l'inutile	Aujourd'hui, je me donne une liberté nouvelle
Aujourd'hui, je lâche prise d'une règle inutile	Aujourd'hui, j'accepte d'être imparfait(e)	Aujourd'hui, je donne sans rien attendre en retour
Aujourd'hui, je me concentre sur l'amour	**Aujourd'hui, est un beau jour pour être vivant(e)**	Aujourd'hui, c'est le seul jour qui compte

Le bonheur : ça s'apprend !
Avec de l'entraînement !

« Je vais bien, tout va bien, je vais bien, tout va bien. »

Non, le bonheur, ce n'est pas aussi simple... mais pas forcément beaucoup plus compliqué.

Le bonheur ne se trouve pas, il se construit et s'entraîne.

Coloriez cette vérité pour bien l'assimiler. Vous pouvez également la décorer selon votre envie... Alors, à vos crayons pour cultiver votre bonheur... et devenir un culturiste du bonheur !

Testez vos connaissances sur le bonheur !

<u>Nota bene</u> : Ce test ne concerne pas une vision philosophique ou religieuse spécifique du bonheur, mais le bonheur normal, tel qu'il apparaît au sein de la population au terme d'enquêtes statistiques et d'études scientifiques.

<u>Vrai ou faux ?</u>

	VRAI	FAUX
1. Les grands gagnants (plus d'un million) aux loteries sont durablement plus heureux.	☐	☑
2. Le bonheur est plus une question de sérénité de l'esprit que de moments de joie.	☑	☐
3. Les gens religieux sont généralement plus heureux que les personnes non croyantes.	☑	☐
4. Le degré de bonheur que nous pouvons atteindre est génétiquement déterminé (on naît plus ou moins heureux).	☐	☑
5. La beauté est source de bonheur.	☐	☑
6. Les gens mariés sont habituellement plus heureux que les célibataires.	☐	☑
7. Vous pouvez décider de devenir plus heureux.	☑	☐

Résultats :

1. Faux.
Les études réalisées sur les grands gagnants montrent que, passé le moment d'euphorie, ils ne se sentent pas plus heureux. Un an après, le bénéfice en terme de bonheur a généralement disparu.

2. Faux.
Les deux sont partie intégrante du bonheur, comme deux facettes d'une même réalité.

3. Vrai.
Les personnes qui entretiennent une vie spirituelle se disent généralement plus heureuses que les non-croyants. L'appartenance à une religion officielle ne joue pas, par contre, un rôle déterminant.

4. Vrai.
La propension à éprouver des émotions agréables est affaire de tempérament. On parle de **loterie génétique.** Mais nous pouvons bien sûr moduler ces prédispositions, comme vous le découvrez dans ce cahier.

5. Faux.
Les personnes qui ont recours à la chirurgie esthétique ne se décrivent pas plus heureuses quelque temps après l'opération, exception faite pour les graves difformités.

6. Vrai.
La vie de couple, du moment où il y a respect mutuel et intimité (échanges gratifiants : sexualité, projets communs, etc.), augmente le bonheur. Cet avantage peut disparaître cependant avec l'arrivée des enfants.

7. Vrai.
Le bonheur peut se construire. Il ne dépend pas **que** de nos efforts, mais **beaucoup** de nos efforts (part chiffrée à 40 % par les scientifiques qui étudient le bonheur).

Le saviez-vous ?

La philosophie du bonheur porte un nom : l'*eudémonisme*.

À faire comme si l'on était heureux, on le devient un peu plus !

Pause détente

Savourer les petits plaisirs de la vie !

Voilà une pratique plus difficile qu'il n'y paraît. C'est pourquoi vous devriez signer un contrat avec vous-même, afin d'être certain(e) de METTRE EN ŒUVRE les consignes.

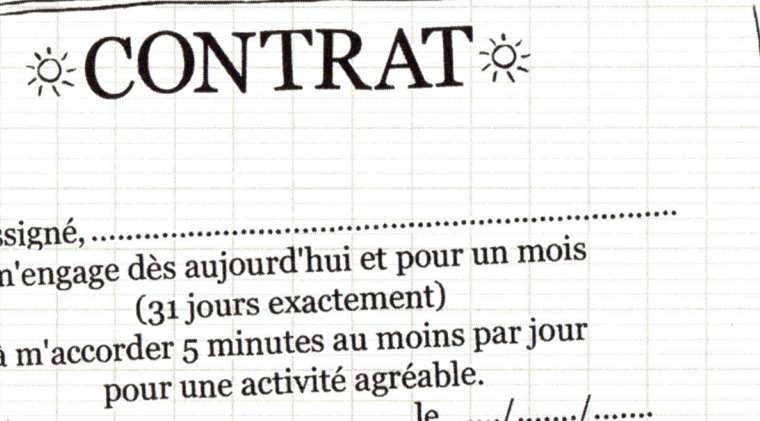

☼ CONTRAT ☼

Je soussigné, ...
m'engage dès aujourd'hui et pour un mois
(31 jours exactement)
à m'accorder 5 minutes au moins par jour
pour une activité agréable.
Fait à..le......./......./.......
                               Signature

Contre la morosité : voir la vie en rose !

Leçon de choses

L'aîné d'une tribu indienne explique la vie à son petit-fils :

— Tu vois, en chacun de nous, deux loups s'affrontent en permanence : il y a le loup de la haine, du pessimisme et de l'égoïsme ; et il y a aussi le loup de l'amour, de l'optimisme et de la générosité.

— Et quel est celui qui l'emporte ?

<u>Avant de connaître la réplique du sage, notez ci-dessous votre propre réponse à la question.</u>

Quel est le loup qui a le dessus sur l'autre : celui de la négativité et de la haine ou celui de l'amour et de la générosité ? Pourquoi ?

Pour moi, le loup qui finit par l'emporter est :

Le sage répondit : — Celui que tu nourris !

Extrait adapté du Petit cahier d'exercices pour voir la vie en rose

Sus aux pensées négatives !

Voici un outil pour apprendre à déjouer les pensées négatives.

<u>Lorsque vous éprouvez une émotion désagréable</u> (tristesse, colère, peur, jalousie, etc.), <u>identifiez la pensée qui l'accompagne</u> (= **pensée automatique**). Puis imaginez une autre interprétation, tout aussi plausible, pour expliquer la même situation, mais positive cette fois-ci (= **pensée alternative**).

Situation	Émotion	Pensée automatique	Pensée alternative
Mme Bigoudi ne m'a pas salué ce matin.	Tristesse, appréhension.	Elle me fait la tête. Elle est fâchée contre moi.	Elle était préoccupée. Elle ne m'a pas vu.

Avec de l'entraînement, vous arriverez à remplacer les pensées automatiques négatives par des pensées alternatives positives sur le moment, sans délais.

Exercez-vous jusqu'à ce que cela devienne une habitude.

Extrait adapté du *Petit cahier d'exercices pour voir la vie en rose*

Il y a du positif en chaque chose !

Il était une fois, dans une contrée lointaine, un roi qui avait un sage conseiller. Celui-ci avait pour habitude de répéter au souverain :
- Tout ce qui vous arrive est pour votre bien.

Or, il arriva que, lors d'une parade, le roi lâcha malencontreusement son sabre et se trancha un orteil. Fort contrarié, il se rendit chez son conseiller et lui demanda si cet accident était arrivé pour son bien. Le sage lui répéta une fois de plus :
- Tout ce qui vous arrive est pour votre bien.

Fou furieux, il considéra ses paroles comme un affront et décida de l'emprisonner pour le punir.

Quelque temps plus tard, le roi partit à la chasse, entouré de sa cour. La troupe se dispersa assez rapidement dans l'immense forêt si bien que, quand la nuit tomba, le roi se retrouva tout seul et, qui plus est, perdu. Il eut beau appeler, personne ne répondit. Il chercha, chercha et chercha encore une issue, en vain. À bout de force, il finit par apercevoir la lueur d'un feu.
- Sauvé, je suis sauvé ! se dit-il.

Il marcha vers la lumière et découvrit une tribu qu'il ne connaissait pas dans son royaume. Il se présenta comme étant le roi de cette forêt et leur promit une grande récompense s'ils l'aidaient à retrouver son palais.

Mais les choses ne se passèrent pas comme il avait prévu. Les indigènes ne parlaient pas sa langue. Ils se montrèrent agressifs et le roi comprit vite qu'il était tombé sur une tribu de cannibales dont ses soldats lui avaient déjà mentionné l'existence. Ils firent les préparatifs pour le manger et, avant de le rôtir, ils le déshabillèrent. C'est à ce moment-là qu'ils aperçurent son pied mutilé. Or, comme tout le monde le sait, les cannibales ne dévorent jamais les personnes estropiées. Ils le relâchèrent finalement, non sans regret tant il leur paraissait appétissant.

Après quelques périples, le roi finit par retrouver son palais. Il s'empressa d'aller trouver son conseiller et de le libérer :

- C'est vrai, tu avais raison : même cet accident avec mon sabre s'est révélé être pour mon bien. Mais je doute fort que tu puisses considérer que ces semaines passées en prison ont été pour ton bien !

Ce à quoi le sage répondit :

- Majesté, tout ce qui m'arrive est pour mon bien. Si je n'avais pas été en prison, je vous aurais accompagné à la chasse. Je ne vous aurais pas perdu de vue et nous nous serions retrouvés tous les deux chez les cannibales. Or moi, j'ai encore mes dix orteils...

Pause détente

N'hésitez plus, donnez-vous le plaisir de colorier ce mandala.

La bienveillance : l'art d'être à l'écoute !
Être à l'écoute de ses limites

Ses limites à quoi ? À ce que l'on donne de soi, de sa personne. Mais comment savoir si j'ai dépassé mes limites ?

 Cochez les cases où vous vous retrouvez ces temps-ci :

- ❏ *Je suis épuisé(e).*
- ❏ *J'en veux à l'autre de ce que je lui donne.*
- ❏ *Je me renferme.*
- ❏ *Je suis irritable ou agressif(ve) pour n'importe quoi.*
- ❏ *Je n'ai plus d'élan.*
- ❏ *Je n'ai plus de joie de vivre.*
- ❏ *Je n'ai plus de goût pour certaines choses.*
- ❏ *Je suis incapable de décider pour moi.*
- ❏ *J'agis de façon automatique.*
- ❏ *Je dors mal.*
- ❏ *Je mange plus (ou moins) que la normale, je fume, je bois trop, je…*
- ❏ *Je me sens triste.*
- ❏ *Je suis à bout.*
- ❏ *Je n'ai plus de patience.*

Résultats :
Il n'y en a aucune ? Bravo, tout se passe bien pour vous.
De 1 à 3, c'est le moment de songer à mieux vous occuper de vous.
De 4 à 5, il est important de prendre des mesures de changement ou de vous faire aider.
Plus de 6, il est temps de consulter un médecin ou un psychothérapeute car vous avez manifestement besoin d'aide.

Extrait adapté du *Petit cahier d'exercices de bienveillance envers soi-même*

Savoir reconnaître les émotions

 Observez tous ces visages et en dessous de chacun d'eux, écrivez un mot pour nommer l'émotion correspondante :

la tristesse
la mauvaise humeur
la colère
la rage
la distraction
l'air dubitatif
l'air effrayé
l'air fatigué

....

....

....

Trouver les bons mots, proscrire les mauvais

Sentiments éprouvés quand nos besoins sont satisfaits

à l'aise, admiratif, allégé, aimant, amusé, animé, apaisé, attendri, aventureux, bien disposé, bouleversé, calme, captivé, centré, chaleureux, charmé, comblé, compatissant, concentré, concerné, confiant, content, curieux, décontracté, délassé, délivré, détendu, déterminé, dynamisé, ébahi, électrisé, emballé, émerveillé, émoustillé, ému, en effervescence, en expansion, enchanté, encouragé, énergique, enflammé, engagé, enjoué, en harmonie, enthousiaste, épanoui, espiègle, plein d'espoir, étonné, éveillé, exalté, excité, exubérant, fasciné, fier, fort, gai, galvanisé, gonflé à bloc, grisé, heureux, impliqué, insouciant, inspiré, intéressé, intrigué, joyeux, léger, libre, motivé, nourri, optimiste, ouvert, paisible, partagé, passionné, pétillant, proche, radieux, radouci, rafraîchi, rassasié, rasséréné, rassuré, ravi, rayonnant, réceptif, réconforté, reconnaissant, régénéré, réjoui, relaxé, revigoré, satisfait, sécurisé, sensibilisé, sensible, serein, sidéré, soulagé, stimulé, sûr de soi, surpris, touché, tranquille, vivant, vivifié.

Sentiments éprouvés quand nos besoins sont insatisfaits

à bout, abattu, accablé, affamé, affolé, agacé, agité, alarmé, amer, angoissé, anxieux, apeuré, assoiffé, blessé, bloqué, bouleversé, chagriné, choqué, en colère, concerné, confus, consterné, contrarié, crispé, débordé, déchiré, déconcerté, décontenancé, découragé, sur la défensive, dégoûté, démonté, démoralisé, démuni, dépassé, dépité, déprimé, dérangé, dérouté, désabusé, déçu, désappointé, désemparé, désespéré, désolé, désorienté, déstabilisé, détaché, distant, ébahi, ébranlé, effondré, effrayé, embarrassé, embrouillé, ému, endormi, énervé, ennuyé,

Extrait adapté du Petit cahier d'exercices de bienveillance envers soi-même

43

enragé, éprouvé, épuisé, essoufflé, étonné, exaspéré, excédé, exténué, fâché, fatigué, fragile, frustré, furieux, gêné, glacé, grognon, hésitant, honteux, horrifié, hors de soi, impatient, impuissant, incertain, incommodé, incrédule, indécis, indifférent, inquiet, insatisfait, insensible, intrigué, irrité, las, lourd, mal, mal à l'aise, malheureux, mécontent, méfiant, mélancolique, morose, nerveux, partagé, peiné, perdu, perplexe, perturbé, pessimiste, préoccupé, réservé, résigné, réticent, sans élan, saturé, sceptique, secoué, seul, sombre, soucieux, stressé, stupéfait, submergé, surmené, surpris, tendu, terrifié, terrorisé, tiraillé, tourmenté, triste, troublé, vexé, vidé, vulnérable.

Mots à proscrire

Ils sont la somme d'un sentiment et d'un jugement sur l'autre ou sur soi-même :

abandonné, abusé, acculé, accusé, agressé, assailli, attaqué, bafoué, bête, blâmé, bousculé, calomnié, contraint, critiqué, déconsidéré, dénigré, détesté, dévalorisé, diminué, dominé, dupé, écarté, écrasé, étouffé, exploité, fautif, floué, forcé, harcelé, humilié, ignoré, importuné, incapable, incompétent, incompris, indésirable, indigne, insulté, isolé, jeté, jugé, lamentable, largué, maltraité, manipulé, médiocre, menacé, méprisé, minable, minorisé, mis en cage, mis sous pression, négligé, nul, offensé, pas accepté, pas aimé, pas cru, pas entendu, pas important, pas vu, persécuté, piégé, pris en faute, provoqué, rabaissé, refait, rejeté, répudié, ridiculisé, roulé, sali, sans valeur, stupide, trahi, trompé, utilisé, vaincu, violé.

Quelques besoins fondamentaux

Subsistance : respirer, boire, manger…

Sécurité : sécurité affective et matérielle, réconfort, soutien, soins…

Liberté : autonomie, indépendance, spontanéité, choix de ses rêves, valeurs, buts…

Loisirs : défoulement, jeu…

Identité : accord avec ses valeurs, affirmation de soi, appartenance, authenticité, confiance en soi, estime et respect de soi/de l'autre, évolution, intégrité…

Participation : coopération, concertation, cocréation, connexion, expression, interdépendance, contribution au bien-être, à l'épanouissement de soi/de l'autre, à la vie…

Relationnels : acceptation, appartenance, attention, communion, compagnie, contact, intimité, partage, proximité, amour, affection, chaleur humaine, honnêteté, sincérité, respect, tendresse, confiance, communication, harmonie, réconfort…

Accomplissement de soi : expression de soi, évolution, apprentissage, réalisation de son potentiel, créativité…

Sens : clarté, compréhension, discernement, orientation, signification, transcendance, unité, sens…

Célébration : appréciation, partage des joies et des peines, ritualisation, gratitude…

Spiritualité : beauté, inspiration, paix, transcendance…

Pour être en relation : oser la CNV !
Mais c'est quoi au juste, la CNV ?

La CNV est une façon de penser et de parler qui vise à mettre de la compréhension et du respect mutuel dans les échanges. Elle aide chacun à se relier à la partie de soi capable de comprendre avec le coeur et de se faire entendre sans agresser. Quand on tente de vivre et d'appliquer cette façon d'être en relation, on ne se préoccupe pas seulement de ce qui doit être produit, mais aussi de ce que chacun vit. Cela permet d'aborder autrui en restant en accord avec son humanité et, de la sorte, on stimule **la bienveillance en soi et en l'autre**. La confiance et le goût pour la coopération suivent naturellement et chacun s'y retrouve gagnant. Mais il gagne à un jeu bien particulier et encore trop peu répandu sur notre planète, non pas CONTRE l'autre mais AVEC l'autre. En se familiarisant avec la CNV, on développe la conscience qu'on *ne gagne pas si on gagne seul ou au détriment de quiconque*.

Extrait adapté du Petit cahier d'exercices de Communication NonViolente®

<u>*Dessinez-vous sur l'un des podiums et placez sur les autres des personnes avec qui vous êtes ou pourriez être en compétition ou en difficulté relationnelle.*</u>

La CNV est par excellence écologique, parce qu'elle aide à transformer l'énergie CONTRE en une énergie POUR. En effet, critiquer, ruminer, râler ou fulminer, cela gaspille une énergie considérable et c'est peu productif. Avez-vous un « petit vélo » dans la tête qui vous assaille de pensées répétitives, accusant ou jugeant tantôt l'autre, tantôt vous-même ?

Vous voulez transformer votre langage de reproches polluants en des mots inspirants ? Alors, optez pour la CNV au quotidien !

Observer sans juger

« L'observation est un point capital dans la résolution des conflits car elle fait la distinction entre ce qui est et ce qu'on en pense. C'est un espace où le dialogue redevient possible. »

Christiane Goffard (Belgique)

Exercice : savoir citer des faits sans y ajouter d'évaluation

Déterminez si les phrases suivantes constituent une observation dénuée d'évaluation. Si ce n'est pas le cas, imaginez ce que pourrait être une observation **pure** et réécrivez l'énoncé.

1. Tu es tout le temps devant l'ordinateur ⇨
2. Dans nos réunions, tu parles trop ⇨
3. Ce matin, tu es parti(e) en laissant ton assiette sur la table ⇨
4. Tu agresses tout le monde pour un rien ⇨
5. Tu es trop mère poule avec les enfants ⇨
6. Hier, tu as frappé ta petite sœur ⇨
7. Le soir, Luc a le cafard ⇨

Réponses possibles :
1. Hier, tu as utilisé l'ordinateur pendant cinq heures.
2. Dans la réunion de ce matin, tu as parlé pendant 40 minutes et les deux autres personnes ont disposé de 10 minutes.
3. O.K.
4. Tu dis que « nous sommes tous en train de te pourrir la vie ».
5. Tu vérifies le sac à dos de notre fils avant son départ en voyage de fin d'études.
6. O.K.
7. Luc pleure le soir.

Veillez surtout à contrôler ce qui se passe dans votre tête !

Rechercher la sérénité

<u>Coloriez ce mandala en vous imprégnant de son texte de sagesse.</u>

« Je sais ce qui est bon pour moi.
Je sais dire non lorsque les propositions
qu'on me fait ne me conviennent pas.
J'accepte aussi qu'on me dise non, je ne me sens
pas blessé ou réduit pour cela. »

Se désencombrer : une manière de changer !

Identifiez votre dépendance au matériel

Quel(le) consommateur(trice) êtes-vous ?

Pour comprendre comment vous fonctionnez en matière d'achat, nous vous proposons ce petit test qui vous permettra d'identifier à quelle catégorie de consommateurs(trices) vous appartenez. Répondez sans trop vous poser de questions et, surtout, avec la plus grande honnêteté possible. Ne vous inquiétez pas, personne ne lit par-dessus votre épaule !

1. **Vous aimez faire vos achats :**
   a) Chez les commerçants que vous connaissez.
   b) Dans les discounts, les solderies et les magasins d'usine.
   c) Dans les boutiques de marque.

2. **Vous craquez pour une veste alors que vous n'en avez pas réellement besoin :**
   a) Heureusement, vous avez reçu un bon d'achat pour votre fidélité, ce n'est pas comme si vous l'achetiez à prix fort !
   b) De toute façon, vos autres vestes sont un peu démodées et tout le monde vous a vu(e) les porter au moins deux fois.
   c) Elle vous sera utile au mariage de votre cousine… dans trois mois !

3. **En période de soldes, que faites-vous ?**
   a) Vous dévalisez les magasins tendances.
   b) Vous achetez un peu plus que d'ordinaire en prévision de Noël ou de la naissance de votre petit-neveu.
   c) Vous vous laissez tenter car vous avez eu la chance d'être invité(e) aux soldes privées.

4. Au supermarché :
   a) Vous avez établi à l'avance votre liste de courses en fonction du catalogue et en notant les produits qui rapportent de l'argent sur votre carte du magasin.
   b) Vous traquez les promotions « 4 pour le prix de 2 » et vous achetez les paquets de pâtes par lot de six.
   c) Vous choisissez les produits de marque, vous n'avez pas le temps de comparer les prix et au moins vous êtes sûr(e) de la qualité.

5. On vous propose un agenda pour un euro de plus :
   a) Un gadget ? Non merci !
   b) Vous connaissez bien le commerçant et n'osez pas trop refuser.
   c) Ça fera un joli cadeau d'anniversaire pour une petite copine de votre fille !

6. L'argent, c'est fait pour :
   a) Être dépensé.
   b) Rapporter.
   c) Être compté.

7. Vous aviez décidé de vous acheter un livre repéré une semaine plus tôt. En arrivant au magasin, vous vous rendez compte qu'il est en promotion :
   a) Chic, vous pourrez vous offrir un autre roman du même auteur !
   b) Vous prenez le livre et vous reviendrez la semaine prochaine pour voir s'il y a d'autres promotions.
   c) De toute façon, vous avez déjà repéré une nouveauté qui est encore plus intéressante, même si elle est plus chère.

Résultats :

	a	b	c
1	■	▲	●
2	■	●	▲
3	●	▲	■
4	■	▲	●
5	●	■	▲
6	●	■	▲
7	▲	■	●

Maintenant, faites le total :

▲ : ...

■ : ...

● : ...

Un maximum de ▲ : Vous êtes un(e) faux(sse) économe.

Vous n'avez pas beaucoup d'argent et vous faites attention au moindre euro dépensé. Le hic, c'est qu'à force de vouloir faire de bonnes affaires pour économiser sur les dépenses familiales, vous achetez plus que de raison. Les solderies regorgent d'objets bon marché que vous achetez sans culpabiliser et qui viennent envahir petit à petit votre maison.

Notre conseil :

Méfiez-vous des bonnes affaires qui ne le sont souvent que pour les magasins à qui elles rapportent! Sachez refuser l'article supplémentaire et osez vous demander si vous achèteriez ce même objet à son prix réel. Si la réponse est non, il y a fort à parier que vous n'en avez ni réellement envie ni réellement besoin, mais que vous répondez plutôt à la peur universelle du manque et au rêve de « l'affaire du siècle » que les publicitaires utilisent pour vous manipuler.

Un maximum de ■ : Vous êtes fidèle.

Vous faites toujours vos courses alimentaires chez le même commerçant, vous connaissez la marque de vêtements qui vous avantage et ne jurez que par elle. Et c'est pour cela que les enseignes vous bichonnent, vous offrant carte de fidélité et invitation privée aux avant-premières des soldes. Mais c'est pour mieux vous manger, mon enfant !

Je consomme un peu, beaucoup...

Notre conseil :

Depuis quelques années, les enseignes proposent des articles peu ou prou au même prix, y compris depuis l'apparition des discounts puisque chaque chaîne de magasins a développé sa propre marque « premier prix ». Ce n'est donc plus le ticket de caisse qui fait la différence dans le choix du client pour une enseigne. Aujourd'hui, elles se font une guerre féroce sur un autre tableau : la fidélité. Voilà ce qui rapporte ! Alors faites un peu le tri dans vos trop nombreuses cartes à points et prenez le temps de redécouvrir tout près de chez vous des commerces que vous ignoriez. Vous serez parfois surpris(e) et aurez surtout le sentiment d'être plus libre.

Un maximum de ● : Vous êtes sensible au regard des autres.

Vous aimez que l'on vous remarque, vous n'aimez pas donner à penser que vous vivez chichement. Ou, au contraire, vous ne souhaitez surtout pas sortir du lot, vous êtes à la mode non par plaisir mais pour éviter le ridicule et la marginalisation. Dans un cas comme dans l'autre, vous achetez sans vous interroger sur vos propres besoins. Vous croyez sûrement que l'habit fait le moine et vous vivez dans l'angoisse qu'on vous jauge sur votre paraître plutôt que sur votre être.

Notre conseil :

Dans notre société de consommation, on croit que la réussite passe par le matérialisme et l'accumulation de signes extérieurs de richesse. Le problème, c'est que vous n'êtes finalement jamais « dans le coup » puisque les publicitaires créent les besoins avant que vous ne les ressentiez, vous ne pouvez donc rien anticiper. Acceptez l'idée que vous ne pourrez jamais avoir une maison, une voiture ou une garde-robe parfaites, qui s'adapteraient en toutes circonstances. Faites le deuil de l'objet ou du service qui viendrait enfin combler tous vos désirs et vos besoins, car il n'existe pas. Interrogez-vous plutôt sur vos réelles motivations dans la vie. Vous vous rendrez peut-être compte que vous ne placez pas les critères de réussite et de bonheur sur le même plan que les marchands.

Tranche horaire

Pendant une semaine, notez de manière précise l'heure à laquelle une envie coquine vous prend. Reportez ensuite, sur l'horloge suivante, l'heure la plus haute et la plus basse. Entre les deux, coloriez en rose pour Madame et en bleu pour Monsieur. La zone violette ainsi produite est censée être votre tranche horaire de fusion des désirs.

	Lundi	Mardi	Mercredi	Jeudi	Vendredi	Samedi	Dimanche
Elle Envie 1							
Envie 2							
Lui Envie 1							
Envie 2							

Pause détente, spécial adultes

Sex safari

Choisissez l'animal qui correspond le mieux à votre porte-naire d'un point de vue « équipement », puis référez-vous à la grille ci-dessous pour voir les types d'union qui fonctionnent entre ces divers animaux. Plus le nombre d'étoiles est important, plus l'accord est a priori aisé.

Elle
- ☐ Lapine (aucun enfant)
- ☐ Jument (au moins un enfant par voies naturelles)
- ☐ Éléphante (au moins deux enfants par voies naturelles)

Lui
- ☐ Lièvre (inférieur à 12 cm en érection)
- ☐ Cheval (entre 12 et 18 cm en érection)
- ☐ Éléphant (supérieur à 18 cm en érection)

	Lapine	Jument	Éléphante
Lièvre	***	**	*
Cheval	**	***	**
Éléphant	*	**	***

Extrait adapté du *Petit cahier d'exercices du Kama-Sutra*

Être libre, avant tout !

Une question de responsabilité !

Je ne suis pas programmé(e) à être ceci ou cela ; j'ai en moi un noyau de liberté qui me permet de construire ma vie.

« L'homme n'est rien d'autre que ce qu'il se fait. »
Jean-Paul Sartre

Coloriez cette phrase dans la couleur de votre choix afin de mieux l'intégrer !

L'homme n'est rien d'autre que ce qu'il se fait.

Regardez l'image ci-dessous : vous pouvez y contempler soit un vase blanc, soit deux visages sombres qui se font face. Tout dépend de votre libre intention. Exercez-vous à passer d'une représentation à l'autre, d'abord lentement, puis plus rapidement.

(Figure d'Edgar Rubin)

Appel à la désobéissance civile !
Test de conformité

Entourez la réponse qui vous convient.

1. **Aujourd'hui, l'État c'est :**
   a. Un mal nécessaire.
   b. L'émanation de la volonté du peuple qu'il représente.
   c. L'instrument de domination d'une minorité de nantis manipulant le peuple.

2. **Avec laquelle de ces propositions êtes-vous d'accord ?**
   a. Travailler moins pour qu'il y ait du travail pour tous (partage du travail).
   b. Travailler moins pour avoir plus de temps pour moi.
   c. Travailler plus pour gagner plus.

3. **Vous considérez que vous n'êtes pas assez rémunéré(e) pour ce que vous faites.**
   a. Vous ne dites rien car vous pensez que si vous demandiez une augmentation de salaire, vous favoriseriez la délocalisation et risqueriez le chômage.
   b. Vous vous associez à d'autres employés syndicalisés pour signer une pétition et menacer de faire grève au cas où il n'y aurait pas d'amélioration.
   c. Vous allez trouver votre patron pour lui faire part de vos doléances.

4. **Vous recevez une amende que vous jugez injustifiée.**
   a. Vous payez sans rien dire pour avoir la paix.
   b. Vous payez pour éviter une éventuelle surtaxe tout en écrivant une lettre de réclamation pour qu'on vous rembourse.
   c. Vous refusez carrément de payer, quitte à encourir une condamnation plus sévère et vous écrivez aux services administratifs pour justifier votre attitude.

5. **Vous recevez un carton d'invitation pour une garden-party à l'Élysée.**
   a. Vous y allez en espérant rencontrer le Président pour lui faire part de l'une de vos doléances.
   b. Vous refusez d'y aller, sauf si l'Élysée consent à ce que vous soyez accompagné(e) d'un(e) SDF.
   c. C'est un grand honneur et vous vous y rendez en apportant un bouquet de roses pour la femme du Président.

6. Pour vous, être libre, c'est :
   a. Gagner un max pour vous offrir ce que vous voulez.
   b. Avoir le temps de manifester et de militer pour que les exclus du système aient de meilleures conditions de vie.
   c. Avoir beaucoup de temps pour vous.

7. Les cadres de votre banque voient leurs bonus fortement augmenter.
   a. Vous êtes révolté(e), vous le dites à votre entourage, mais vous en restez là.
   b. Vous vous dites que c'est normal : à l'heure de la libre concurrence, cette pratique permet de garder les meilleurs financiers dans votre banque.
   c. Vous changez de banque pour un établissement jugé plus éthique.

8. Dans une librairie, devant un livre portant un bandeau rouge : « Vendu à plus d'un million d'exemplaires ! »…
   a. Vous l'achetez les yeux fermés en vous disant que c'est un bon livre puisqu'il se vend si bien.
   b. Vous refusez de l'acheter, car c'est un pur produit de marketing.
   c. Cela vous agace, mais vous le feuilletez et finissez par le prendre.

9. Pour vous, la croissance, c'est :
   a. Un danger : il faut la stopper pour sauvegarder l'environnement et l'avenir de l'humanité.
   b. Le signe d'une économie saine.
   c. Une erreur de logique : l'économie ne peut croître indéfiniment dans un monde aux ressources limitées.

10. Lorsque vous ne faites rien :
    a. Vous culpabilisez.
    b. Cela vous est complètement égal.
    c. Vous vous dites : ouf, j'ai du temps pour penser et pour rêver !

Et maintenant, place aux résultats !

Entourez votre réponse dans la colonne correspondante :

Questions	■	▲	●	Questions	■	▲	●
1	b	a	c	6	a	c	b
2	c	b	a	7	b	a	c
3	a	c	b	8	a	c	b
4	a	b	c	9	b	c	a
5	c	a	b	10	a	b	c
				Total	…	…	…

Et reportez-vous à l'interprétation qui vous correspond.

Vous avez un maximum de ■ :
Le (la) bourgeois(e) bon chic, bon genre, politiquement correct(e).

Bravo, vous êtes bien intégré(e) au système actuel et vous participez à sa croissance. Le seul hic est que vous vous ajustez trop à la pensée dominante au détriment de... vous-même. Vous portez sans doute de nombreux masques pour être conforme à ce que l'on attend de vous. Mais n'oubliez-vous pas parfois celle ou celui que vous êtes en profondeur ?

Vous avez un maximum de ▲ :
Le (la) bourgeois(e) bohème ou le (la) critique qui jouit de la vie.

Les lacunes du système ne vous échappent pas et vous ne manquez pas de le faire savoir. En paroles mais non en actes, car vous craignez d'être mis(e) en marge de la société. Vous désirez avant tout profiter d'un « bonheur tranquille » qui peut se teinter d'égoïsme.

Vous avez un maximum de ● : Le (la) contestataire altruiste.

Votre attitude n'est pas encouragée par le système. Vous n'êtes pas à la mode. Mais c'est grâce à des gens comme vous que le monde s'améliorera, car vous ne vous contentez pas de râler. Vous agissez.

Vous êtes sans doute un mélange de ces trois caractères, même s'il y en a un qui domine.

Osez avancer à contre-courant !

Efficacité et productivité !
Ne perds pas ton temps à rêver !

⇨ *Phrase antidote à colorier et à méditer :*

L'homme laborieux n'a pas le loisir qui convient à une véritable intégrité de chaque jour. Il n'a pas le temps d'être autre chose qu'une machine.

Henry David Thoreau, *Walden*

Extrait adapté du Petit cahier d'exercices de désobéissance civile

⇨ *Exercice : éloge de l'oisiveté et de la légèreté de l'oiseau.*

<u>Ménagez-vous dans la journée des plages de vie où vous ne faites rien</u> : par exemple, vous vous asseyez sur un banc dans un parc en ouvrant pleinement vos sens ou, plus simplement, vous vous permettez de rêver en laissant vos pensées s'envoler comme des oiseaux dans votre ciel intérieur.

<u>Pratiquez ces pauses bienvenues même sur votre lieu de travail !</u>

<u>Sachez dire **« Stop ! »** à la pression du temps... pour ne pas tomber en dépression !</u>

<u>Faites la grève contre la tyrannie de la rentabilité !</u>

<u>Pour terminer, rédigez un petit contrat avec vous-même que vous vous engagez à respecter. Quels points êtes-vous prêt(e) à y inscrire ? Cochez ceux auxquels vous souscrivez :</u>

- ☐ Favoriser les petits magasins (dans mon quartier notamment) et non les grandes surfaces.
- ☐ Acheter en priorité des produits frais et locaux.
- ☐ Soutenir la presse libre en m'abonnant à un journal indépendant et en refusant les gratuits qui ne vivent que par la pub.

Extrait adapté du *Petit cahier d'exercices de désobéissance civile*

- ❏ Refuser la publicité dans ma boîte aux lettres.
- ❏ M'engager dans une activité bénévole (précisez) : ...
- ❏ Utiliser le moins possible la voiture en empruntant un autre moyen de locomotion : les transports publics, le vélo...
- ❏ Lire davantage.
- ❏ Regarder moins la télévision.
- ❏ Écrire des poèmes, mon journal...
- ❏ Autre (précisez) : ...

Notez maintenant dans le contrat ci-contre les articles que vous avez sélectionnés puis signez-le !

Contrat de légèreté

Je, soussigné(e)...
m'engage à :
...
...
...
...
...
...

Fait à .... le .../.../...
Signature :

Pause détente

Petit exercice de défoulement politique

Délassez-vous quelques instants !

Voici quelques personnalités. Faites une croix noire sur celles que vous n'aimez pas, qui représentent, pour vous, la pourriture du système et reliez-les par une flèche à la poubelle en bas.

Entourez avec de la couleur celles que vous appréciez et reliez-les à l'étoile en haut.

Vous pouvez aussi rajouter d'autres noms ou dessiner les portraits des personnes qui vous viennent à l'esprit, pour le meilleur (l'astre) ou pour le pire (le désastre, la poubelle).

Le Dalaï Lama | Yann Arthus-Bertrand | Silvio Berlusconi | Le colonel Kadhafi | Ségolène Royal | Nicolas Sarkozy

Extrait adapté du *Petit cahier d'exercices de désobéissance civile*

63

Envie de bien-être ?
www.editions-jouvence.com

Le bon réflexe pour :

Être en prise directe :
- avec nos **nouveautés** (plus de 60 par année),
- avec nos **auteurs** : Jouvence attache beaucoup d'importance à la personnalité et à la qualité de ses auteurs,
- avec tout notre **catalogue**... plus de 400 titres disponibles,
- avec **les Éditions Jouvence** : en nous écrivant et en dialoguant avec nous. Nous vous répondrons personnellement !

Le site web de la découverte !

Ce site est réactualisé en permanence, n'hésitez pas à le consulter régulièrement.

Achevé d'imprimer sur rotative par l'Imprimerie Darantiere à Dijon-Quetigny en juillet 2010 - Dépôt légal : juillet 2010 - N° d'impression : 10-0870

Imprimé en France

Dans le cadre de sa politique de développement durable, l'imprimerie Darantiere a été référencée IMPRIM'VERT® par son organisme consulaire de tutelle. Cette marque garantit que l'imprimeur respecte un cycle complet de récupération et de traçabilité de l'ensemble de ses déchets.